Sens Magique

Malcolm de Chazal

Sens Magique

An Original Publication of Red Egg Publishing
An imprint of Red Egg International

First published in the UK by Red Egg Publishing
in 2019
2nd Edition
www.redeggpublishing.com

Cover design: J. Bonnin

British Library Cataloguing-in-Publication Data

A catalogue record for this book is available upon request from the British Library
ISBN: 978-1-9998215-3-1

While every effort has been made to contact copyright-holders, if an acknowledgement has been overlooked, please contact the publisher

This book is sold subject to the condition that it shall not, by way of trade or otherwise, be lent, re-sold, hired out, or otherwise circulated without the publisher's prior consent in any form of binding or cover other than that in which it is published and without a similar condition including this condition being imposed on the subsequent purchaser

Malcolm de Chazal

Tout au long de sa vie et de son œuvre, Malcolm de Chazal fut un poète et un artiste alchimique et transcendant. Inutile de dire que le mystère qui l'entoure est en grande partie lié à son écriture. Mais son histoire ne s'arrête pas là.

Sa relation avec le mouvement surréaliste et son ésotérisme jouent également un rôle. Il s'est même imposé une existence recluse et méditationnelle qui lui a permis de voir et d'expérimenter la réalité différemment, (telle qu'elle est réellement ?).

Ainsi, de son propre aveu, cette expérience l'a guidé vers une approche complètement unique dans sa façon d'écrire.

Chacune de ces différentes facettes nous aide à mieux comprendre l'homme derrière son art et son écriture. Mais c'est sans doute son histoire familiale intrigante et ses liens avec l'alchimie qui nous en donne une vision plus précise.

Malcolm de Chazal est né en 1902 à l'île Maurice. Il était le treizième et dernier enfant. Sa famille était issue d'une longue lignée d'aristocrate français qui possédait des terres en Auvergne et dans le Loiret. Son ancêtre le Comte François de Chazal de la Genesté s'était installé sur l'île Maurice en 1763, pendant le siècle des Lumières. François était un Rose-Croix qui, dit-on, fabriquait de l'or alchimique à volonté et, grâce à ses dons de voyance, avait prédit tous les événements qui devaient se dérouler pendant la Révolution française.

Malcolm de Chazal a déclaré qu'il avait à plusieurs reprises ressenti de fortes sensations, des prémonitions quant à l'emplacement de la sépulture de son ancêtre François. C'était une révélation surprenante, comme il avait pu le souligner, les Rosicruciens étaient convaincus que, lors de la disparition de l'un d'entre deux, toute preuve de l'existence de cet individu devait disparaître à jamais.

L'éthérence de Malcolm de Chazal, dans son écriture comme dans sa peinture, ne peut vraiment être comprise qu'en le considérant comme faisant partie d'une longue lignée de mystiques.

François était un confident du célèbre Comte de Saint-Germain. «Un homme qui sait tout et qui ne meurt jamais», avait déclaré Voltaire.

Il aurait pu ajouter qu'il s'agissait d'un homme d'origine inconnue qui a disparu sans laisser de trace. Celui-ci, selon la rumeur, était un alchimiste réputé; et sa grande richesse, n'a jamais été expliquée de manière satisfaisante.
Lors d'une occasion, il a déclaré, avoir cinq cents ans, et quand Marie-Antoinette lui a demandé s'il allait s'installer à Paris il a annoncé: «Un siècle va s'écouler avant que je revienne ici ». Cette allusion à son immortalité supposée pourrait certainement être une des raisons qui lui valait la réputation d'avoir des diamants dans ses chaussures, d'une valeur soi-disant de plus de 200 000 francs.

François de Chazal, adepte de l'occultisme, était si proche du Comte de Saint-Germain que l'on disait qu'il était le dernier dépositaire des secrets de Saint-Germain. Beaucoup pensent également que François est à l'origine de l'ordre des Rose-Croix, un ordre très mystérieux qui serait "construit sur des vérités ésotériques du passé ancien" et "dissimulées à l'homme moyen, qui donnent un aperçu de la nature, de l'univers physique et du monde spirituel. "[1]

François était également connu pour être un praticien de l'art du Lapis Animalis, de la transformation de la pierre en animaux et vice-versa, ainsi que de l'alchimie, la transformation des métaux de base en or.

Quant à de Chazal lui-même, nous pouvons affirmer qu'il était la progéniture naturelle de cette longue lignée de mystère et d'intrigue. En ce sens il pratiquait aussi l'alchimie et était un homme solitaire, se contentant d'exister très souvent dans la spiritualité de son esprit intérieur.

Dans une large mesure, il s'est retiré de la société pour, entre autres raisons, tenter de créer une toute nouvelle manière d'écrire qui contourne la logique et l'intellect, et qui chemine directement vers l'instinctif et le spirituel…

Dans une lettre du pasteur René Agnel à André Breton en 1949, Malcolm de Chazal est décrit comme un «poète, explorateur en cosmologie et en ethnologie, expert en ésotérisme, hétérodoxe, théologien et militant indépendant qui le restera jusqu'à son dernier souffle. Un individu tourmenté par la quête d'une spiritualité véritablement libérée et purifiée, à l'instar de Rimbaud, «l'homme aux semelles de vent» à la recherche de la vie transformée…

Malcolm de Chazal et André Breton partageaient une amitié de longue date; en effet, celui-ci figurait sur la liste des surréalistes de Breton. Il était également très apprécié de Georges Braque qui le premier lui suggéra de se lancer dans la peinture, ainsi que de Jean Dubuffet, fondateur de l'Art Brut. Malgré toutes ces recommandations, de Chazal ne souhaitait cependant pas être qualifié uniquement de surréaliste; il lui arriva de comparer le surréalisme à un «bégaiement non articulé»…

Une des raisons de cet éloignement volontaire tient au fait qu'il considérait son travail (plus particulièrement son travail d'écriture) comme relevant de la méditation et du spirituel plutôt que de la raison et de l'intellect. A propos de l'intelligentsia parisienne, il a déclaré, par exemple, que leur littérature «est… beaucoup trop littéraire. Les gens sont trop intelligents sans être assez sensibles. Les écrivains éblouissent sans vous émouvoir beaucoup».

On pourrait donc soutenir que de Chazal a, lui, trouvé un moyen de coucher sur une page les belles connexions et idées qu'il a expérimentées, plutôt que la plume qui serait le simple outil de la traduction d'une pensée, comme il est à l'accoutumée. Dans l'esprit de Malcolm de Chazal, donc, l'intellectualisation restreint, tandis que la compréhension par l'instinct, l'émotion et l'intuition ouvre les fenêtres sur une vie au-delà de la surface de toutes choses.

Pour apprécier le mystère et la beauté qui caractérisent de Chazal, il faut regarder au-delà de la surface pour découvrir ce qui semble être, apparemment hors de portée. Mais la réalité est toute autre - le mystère inexplicable et la magnificence, et l'émerveillement à couper de souffle sont là. Si, comme un des personnages flottants de Marc Chagall, nous arrivons sur la pointe des pieds, nous pourrons saisir ce que Malcolm de Chazal appelle: «La vie derrière les choses», la vie à la surface de tout.

"The light played leapfrog with the shadows.
Its last leap was into this bouquet of roses
Where it was crushed into shards."

(taken from Magical Sense [translation of Sens Magique])
(extrait de Sens Magique)

Jean Bonnin
Pays de Galles,
07-03-19

Sens Magique

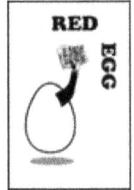

Malcolm de Chazal

1.

Une bicyclette roule sur la route.
La route est la troisième roue
Qui roule les deux roues.

2.

L'eau dit à la vague :
« Tu me bois.
— Comment le pourrais-je ?
Je suis ta bouche. »

3.

L'avion alla si vite
Qu'il arrêta le soleil.
L'homme dans la carlingue
Était Josué.

4.

La rosée
Dit au soleil :
« Tu me vois ?
— Non, dit le soleil
Je suis tes yeux. »

5.

Quand le feu
Lécha
Le bois
Il vit qu'il léchait ses mains :
Des flammèches étaient devant lui.

6.

Deux montagnes
Par leurs pics
Touchaient le nuage.
Pour un instant
Le nuage se crut
Sens dessus dessous
Et chercgha en vain
Sa tête.

7.

Quand l'eau
Cessa
De pleurer
Je vis rire la rosée.
Le soleil se moquait d'eux.

8.

Quand la liane
Saisit la branche
La brance se ploya
Et la fleur
Tira la tête
Pour voir ce qui se passait.

9.

Quand le chien
Toucha de la patte
Le mur
Il crut qu'il avait
Perdu sa jambe
Il fit un saut de côté
Et le mur vint vers lui
Affolé
L'animal prit ses jambs
À son cou.

10.

L'avare
Avait tant compté
Ses pieces
Qu'il se vit dans l'or
Comptant ses doigts d'or.

11.

« Je suis enrhumé »
Dit le gris
Un mouchoir rouge
Passa sur lui.
Le gris éternua.

12.

Des arbres
Montent
Sur cette colline.
Fais monter
Un mouton
Et les arbres
S'arrêteront
Stpéfaits.

13.

Tu t'éventes ?
Tu te trompes
Le vent s'évente
C'est pourquoi
Tu n'as plus chaud.

14.

À la corde
Court ce cheval
Il a davantage de chances
De gagner
Car la corde le tire.

15.

Tel jockey
S'était handicapé
De rouge
Il aurait gagné
S'il avait eu
Casaque jaune.

16.

L'eau avait tant bu
Qu'elle devint ivre
C'était le tourbillon.

17.

Quand le brouillard
Eut cessé
De cavalcader
La pluie
Il tomba.
C'était la lumière
À genoux.

18.

« J'ai fait le tour
De la Terre
Dit cet home.
— Pauvre home
Tu n'as pas
Avancé
D'un centimetre
Dans ton corps. »

19.

La pupille
Tourna les yeux
L'iris la suivit
Le blanc de l'œil
Était en retard.
Par ce décalage
Ami
Tu entres
Dans le visage
De ta belle.

20.

« Je me suis cru
Une théière »
Dit le fou reveillé
Au psychiatre.
« Vous auriez dû
Aller jusqu'au bout »
Dit celui-ci.
« Où ? dit le fou.
— Jusqu'à la foi de Jésus
Et la théière aurait bougé

21.

« Je t'aime
Dans ta robe jaune
Dit l'amant.
—   Tu te trompes
Dit-elle
Tu aimes le jaune
Le jaune est ton complement. »

22.

L'on dansait.
Soudain
La femme
Se sentit
Nue de son linge.
Elle sut
D'un seul coup
Qu'elle était aimée.

23.

Adam et Eve
Eurent tort.
Il ne fallait pas
Manger la pomme
Mais la donner
À manger
Au serpent.
Il en serait mort.

24.

« Je parcours
Cette distance
Chaque jour
En allant à mon bureau.
— Non, dit l'autre
Tu avales le temps
Et les pas que tu fais
Te rapprochent
De ton éternité.
— Quelle est-elle ?
— Toi-même. »

25.

« Je t'aime
Dit la femme.
— Fais attention
De ne pas trop
M'aimer
Dit l'amant
Car tu reviendrais
À toi-même.
L'amour est rond. »

26.

Le centre tira
La tête
Il devint cercle.
Le cercle
Rentra la tête
Il devint centre.
Coupe le cou
Du vide
Et cesse la géométrie.

27.

L'eau n'est prude
Que quand on la met
Dans le vase.
Il faut baptiser
Avec l'eau des torrents
Où l'eau ouvre les cuisses
Et circoncit.

28.

Si la banana
Pendait
Au sein de sa grappe
Au lieu de remonter
Elle serait pornographique.

29.

« Un et un
Font deux »
Dit le mathématicien.
Cela ne fait pas l'affaire
De Dieu et du zéro.

30.

Le cercle
N'a pas de points
De repère.
Tous les points
En lui
Sont gagnants
Le seul perdant
Étant le centre.

31.

Quand le jaune
Eut bu
Le bleu
Il eut soif
Du rouge
Car il était devenu
Vert.
Seule par la lumière
Cessera ta soif.

32.

La nuit
N'est pas noire
Elle est invisible.
Le noir
C'est la crasse
De nos péchés
Dont elle est chargée.

33.

J'ai entendu
Un cri de coq
Dans une feuille
Que j'ai froissée.
Je me suis penché
J'ai vu
Que la feuille
Avait forme de crête.

34.

La locomotive
Siffle.
La montagne répond.
Que fait l'air ?
L'air écoute.
Si l'air parlait.
Tu n'entendrais rien.

35.

Si voyant le soleil
Tout à coup
Tu ne le voyais plus
Tu serais toi-même soleil
Et ressuscité.

36.

Les femmes
Ont plus soif
Que faim
Dans la volupté
Et les hommes
Ont plus faim
Que soif
D'où leur communion.

37.

La bouche
Est latérale
Dans l'homme
Et le sexe
Est vertical
C'est tout le Golgotha
De l'amour.

38.

L'homme
N'a que deux phalanges
Dans le pouce.
S'il y en avait trois
La main
Serait en retard
Dans le toucher.

39.

Qui s'assoit
Face au temps
A
L'espace
Dans le dos.
Qui s'assoit
Face à l'espace
A
Le temps
Dans le dos.
Le temps-espace
De face
Est la nuit.
Nul ne la voit.

40.

L'ombre se mit
Dos dans l'eau.
Sa face fut le reflet.

41.

Le rouge
Se mit du rouge.
Vint une cerise.

42.

Le jaune
Est toujours
Bouche bée.

43.

Le violet
Se met du fard
Dans l'œil
Et paraît artificiel.

44.

L'herbe courte
Fait patiner
Les plantes.

45.

« Ne m'embrasse pas
Dit le rouge
Au jaune
Tu vas me tirer
Mon rouge. »

46.

Le premier tire-bouchon
Est l'éclat.

47.

Le rouge
Serra
Si fort
Le vert
Qu'il étouffa
Et devint noir.

48.

Le mauve
Est
Le chaud-froid.

49.

Qui déshabillerait
La nuit
Verrait
Le corps de Dieu.

50.

Narcisse
Prit l'image
Dans l'eau
Et en fit un timbre-poste.
Vint la T.V.

51.

La feuille
Est la paume
Qui a
Perpétuellement
Perdu ses doigts
Dans une fleur.

52.

Quand le rouge
Se moucha
Le vert
À côté
Eut le hoquet.

53.

L'espace
Qui coupe
L'espace :
C'est les ombres
Se croissant.

54.

Quelle ombre
Qui n'a pas peur
Devant son ombre ?

55.

Les cils dressés
Mettent un glaïeul
Dans l'œil.

56.

Une cloche
Aux sons bleus
Sonnerait le glas
Mais appellerait
Des ailes
D'anges.

57.

Le gris fer
Est la couleur
Têtue.

58.

« Tue es là ?
Dit l'homme.
— Oui, dit la femme
Ne sens-tu pas
Mon silence
Marcher vers toi ? »

59.

« Je veux qu'on m'allonge
Dit la table.
— Tope là, dit le fauteuil
Je suis ton cran d'arrêt. »

60.

La rose
Est décolletée
Jusqu'aux reins.
La fleur
Qui montre
Ses fesses
Est le dahlia.

61.

Le rosée
Est le bijou
Naturel.

62.

L'eau
Est
La fausse maigre
Absolue.

63.

Coupe l'eau
Tant que tu voudras
Tu n'en trouveras
Jamais
Le squelette.
Le squelette du vent
Est toute la vie.

64.

L'espace
Dans l'espace
C'est l'enfer.

65.

La lumière
Ramasse
Sa jupe
À toucher
La boue.

66.

L'eau n'étanche
Sa soif
Que dans l'étang.

67.

Le gris
Est la robe
Du soir
De la nuit.

68.

La dentelle
Vint au monde
Un jour
D'écume.

69.

La perle
Aime la femme
Comme la lune
Ses lunaisons.

70.

Le diamant
Mal taillé
Pleure
Des larmes
De couleurs.

71.

L'œil
Est un théâtre
D'un seul acteur.

72.

Dans la course
Des couleurs
Le jockey
Est la forme.

73.

Tout treillis
De lumière
Fait lutter
L'ombre.

74.

On n'est
Complètement
Maître de son corps
Que dans la mort.

75.

Rien n'est fixe
Parce que notre conscience
Ne dort jamais.

76.

L'ombre
Prit la forme
D'une vache
Et puis celle d'une souris
Et puis celle d'une plante
Et puis celle d'un homme
Je sus
Dès lors
Que l'évolution
N'existait pas.

77.

« Qu'as-tu fait
De ta vie ?
Dit la plante.
— J'ai monté
Jusqu'à toi
Et tu n'es pas
Venue
Vers moi »
Dit la liane.

78.

Pour marcher
Sur l'eau
Il faut être
Soi-même
Feu.

79.

« Je ne serai
Jamais vieux
Dit l'homme
J'ai l'Espérance. »

80.

Quand le silence
Se tut
Il vint
Un bruit assourdissant.

81.

Celui qui reste
Sur sa faim
Est la terre
Qui nourrit tout.

82.

La lumière
Est la plus riche
Des choses :
Elle donne tout.

83.

Elle avait fleuri
Ses seins
Avec ses yeux.

84.

Le jaune
Est la canine
De la lumière
Le vert
Est
Les molaires
Le rouge
Est
La dent de devant
Et le bleu
Est
Les incisives.

85.

La perle
A des fesses
Pectorales.

86.

Tous les invertis
Sont gris.

87.

Toutes les feuilles
En forme d'oreille
Tiennent mieux
Le bijou de la rosée.

88.

La route
Court sans arrêt
Afin de faire
Se reposer
Les trottoirs.

89.

À tout croisement
De routes
Il y a un retard
De lumière.

90.

L'ombre
Est le rendez-vous
Permanent.

91.

Toute femme
Qui rougit
De pudeur
Ôte sa robe.

92.

L'ombre
Vouvoie
La lumière
Dans les prés
Et la tutoie
Dans les bois.

93.

L'eau seule
Est ventriloque.

94.

La lumière
Qui mange
Sans laisser
De déchets
Est Dieu.
Le soleil
Est le pain
Du ciel.

95.

Le thym
Marche
Parmi les laitues
Contourne
Le concombre
Se jette
Parmi le persil
Brouillard de feuilles
Et sort
Lavé
Dans ce champ
De résédas.

96.

L'ours
Fut
Un grand chien
De l'origine
Qui refusa
De vivre
Parmi les hommes.

97.

La religion
C'est pour
Consoler
L'humanité
De tout le mal
Que les prêtres
Lui ont fait.

98.

L'eau
A un double ventre
Le vase et elle.

99.

L'eau se baignait nue.
Comme je me tournai
Pour la voir
Un reflet la cacha.

100.

Le vert
Passa la main
Sur l'épaule du jaune
Qui eut un frisson mauve.

101.

La route
A toujours peur
Dans les tournants
D'être écrasée
Par la lumière.

102.

Le glaçon
Eut chaud.
Il sua.

103.

La grêle
Tombe assise
Le grelon
Tombe debout
Et l'eau tombe
À genoux.

104.

Le feu grelotta
Il devint bleu
Le feu blanc
Est la lumière d'hiver.

105.

Les pleurs
Sont ceux
Qui pleurent
Le moins.
La gouttière sanglote.

106.

La volupté
Est l'éternel
Rendez-vous manqué.

107.

Elle dîna
Seule.
Elle se mangea.

108.

Le poireau
A
Éternellement
Le geste de se planter.

109.

La femme
Aime être mangée
Et l'homme aime être bu.
La Cène est dans le lit.

110.

Barbe-Bleue
Était impuissant.

111.

« Tu es riche ?
— J'ai tout
Je ne me possède plus. »

112.

Il ouvrit la porte
Et fit sortir l'éspace.
Ils restèrent avec le temps
Et recommencèrent
Leur lune de miel.

113.

Quand l'arbre
Sentit
Le premier coup de hache
Il se pencha
Vers l'homme
Et dit :
« Frappe à la racine
Ami
Je ne me verrai
Pas tomber. »

114.

La vague
Pesa sur l'eau
Et fut renversée.
L'eau prit
Sa place :
L'air avait
Soustrait la vague
Qui revint
Avec le vent.

115.

L'homme s'assit
Sur la pierre.
La pierre
Cria.
Elle souffrait.
À l'autre bout
Le sol l'écrasait.

116.

Le vide
N'a pas
De porte
De sortie.

117.

La conscience
De l'entonnoir
Est l'eau.

118.

Si les douze
Avaient été
Crucifiés
Avec Jésus
La religion chrétienne
Aurait été
Une philosophie
Par manque de prêtres.

119.

L'eau a faim
De la terre
Et la terre
A soif de l'eau.
Quand tombe
La pluie
On entend quelqu'un
Qui avale
Et quelqu'un qui mastique.

120.

La fusée monta.
Soudain elle revint.
Le Globe terrestre
Lui avait donné
Contre-ordre.

121.

Si la lumière
Pavoisait
Il n'y aurait
Pas de place
Pour la vie.

122.

Lorsqu'il fut
Complètement mort
Il s'aperçut
Qu'il n'avait pas
Commencé
De vivre.

123.

Il pensa
Si fort
Qu'il se vit
En dehors
De son corps.

124.

L'herbe courait
Ventre à terre
Quand vint la brise
Elle rebroussa chemin.

125.

L'ombre fatiguée
S'allongea.
Vint le reflet.

126.

Si la nuit
Bougeait
Ce serait
Le tremblement de terre absolu.
Et cependant
Tu bouges, ô ombre !

127.

La chose
Absolument ronde
Causerait
Un vacuum parfait.

128.

L'espace
Bute contre le temps
Dans les éboulis
De la mémoire.

129.

Tout l'ennui
Avec le refoulement
C'est qu'il faut
Aller se chercher
Dans les autres.

130.

La pupille
Est à genoux
Dans l'extase.

131.

Le plein
Et l'évidé
Sont à couteaux tirés
Dans le trou.

132.

Le blanc
Absolument pur
Serait un opaque
Dont on verrait
À travers.

133.

Le sucre
Ne connaît pas
Son goût.
Qui le goûte
Fait
Se goûter
Le sucre.

134.

L'amer
Est tout le temps
En train de
Se tenir
Les côtes
Afin de ne pas vomir.

135.

La trame
N'a pas conscience
Du drap
Qui est son inconscient.

136.

L'amer
Fait
Table à part.

137.

L'eau
N'a pas
De fiançailles.
Le reflet
Sur l'eau
Est un mariage blanc.

138.

L'ombre
Est toujours juste
Quels que soient
La minceur
Ou l'empâtement
De l'objet.

139.

Le blanc
Est le masseur
Universel.

140.

La lune
Pleure
Dans la rosée
Et le soleil
Y rit.

141.

Le bleu
Se fait petit
Pour être
Mieux vu.

142.

Le sens unique
Est la volupté.

143.

Le blanc
Est la manière
Des couleurs
De faire voir
Leurs emotions.
Le rouge
Rougit
Dans le rose.

144.

Le bamboo
Court
Avec les béquilles
Que sont ses tiges.

145.

Si on arrêtait
Le temps
L'espace
Serait la bombe atomique
Absolue
Et détruirait
L'Univers.

146.

Tous les bruits
De métaux
Ont les sons
D'animaux malades.

147.

La pierre
N'entend
Son cœur battre
Que dans la pluie.

148.

La poussière
Qui vole
Est aveuglée
Par ses cils
De lumière.

149.

Barbotez
Le beurre
Et vous y verrez
Inconsciemment
Surgir
Les mouvements
De la vache.

150.

L'électricité
Ne s'agite tellement
Que pour trouver
Sa place.

151.

Le cercle
Obsédé du centre
Et le centre
Enivré du cercle
Billardèrent
Et créèrent
La ligne.

152.

Le malheur
De la jeunesse
Est de voir
Vieille
La vie.

153.

Le sein
Eut soif
De son lait.
Il le but.
Vint la perle.

154.

Toutes les femmes
Trompent
Leurs maris
Avec leurs robes.

155.

« Ma pensée
Ne m'appartient pas
Dit l'eau
L'air me l'a prise. »
. . . .
La brise cessa.
Et l'eau s'aperçut
Que la brise
La pensait.

156.

La femme
A toujours
Un cœur de rechange
Dans son sexe.

157.

Les couleurs
Sont les ficelles
Du guignol de l'éspace.

158.

Le cercle
Est l'alibi
Du centre
Et le centre
Est le prétexte
Du cercle.

159.

Tout corps
Dans la nuit
Est une ombre
Sans le soleil.

160.

L'ombre
Est l'écho
De la lumière.

161.

Toutes les fleurs
Crachent
Leur sourcil
Dans l'éclat.

162.

Toute couleur
Qu'on tient
De trop près
S'escamote
Dans son complément.

163.

La lune
Bave
Sa bouche
Dans l'eau.

164.

Les amoureux
S'écoutent
Dans leur haleine.

165.

Tout regard
Se met
À auner
Dans les grands vents.

166.

Le deuil
Dans la Nature
Se porte
En gris.

167.

L'eau
Qui dort
Rêve
Le reflet.

168.

L'huile
Est
En corps à corps
C'est pourquoi
Elle est
Si lente
À couler.

169.

Les pétales bleus
Présentent
Des gencives roses
Quand la rose
Se mêle aux bluets
Parmi les lys.

170.

Le marron clair
Est
Boutonneux.

171.

Les cils
Sont
Le bougeoir
Du regard.

172.

Le rose
Semble
Toujours étonné
D'être rose.

173.

Dans le regard
Qui brûle
La cendre
C'est l'ennui.

174.

La couleur
Est une robe
Sans dessous.

175.

La forme
Est
Le changement de vitesse
Des couleurs.

176.

Les fesses
Ne se connaissent
Pas
De propriétaire.

177.

L'écho se mangea.
L'espace
Avait parlé.

178.

Le miroir
N'est jamais
Franc.
Il n'a pas
D'opinion.

179.

Les femmes
Écoutent
Avec leur bouche.

180.

Le feu
Ne prend jamais
Feu.
La flame
C'est l'air
Flambant
Autour de son cœur
Froid.

181.

L'ombre
N'a pas
De faux pas.

182.

Le blanc
Fait hara-kiri
Sur les couleurs
En arlequin.

183.

Si toutes les poussières
De la terre
Étaient d'accord
Elles renverseraient
Les montagnes.
La boue
Est le compromis.

184.

Dans le mordoré
Le bleu
Est cocu.

185.

Le marron
Est toujours
Malade.

186.

Une idée
Est une image
Qui ne peut
Se décider
Entre
La mémoire et l'imagination.

187.

Le canal
Faisait
Queue.
Dans le tuyau
L'eau
Attend son tour.

188.

Le film
Dit à l'image :
« Ne va pas
Si vite
Je vais prendre feu. »
. . . .
On tournait
Un film
De couleurs.

189.

Toutes les couleurs
Sont borgnes
D'à côté.
Leur liaison
Les fait tourner.

190.

Le gris
Est un brouillard
De couleurs
Qui en se condensant
Donne le noir.

191.

Le bleu
But
Dans la tasse
Du jaune.
Le lait
Était le blanc.
La tasse
Vidée de son blanc
Il n'y eut plus
Qu'une tasse
Que le bleu laiteux
Avala.

192.

Le lait
Du jaune
Est le clair de lune.

193.

Toutes les couleurs
Perdent le souffle
Dans le blanc.

194.

Tous les nuages
Se croient en mer.
Nul poisson
Ne se croit dans l'eau.

195.

Il pensa
Si fort
Qu'il vit
Sa proper idée.
Elle avait
La forme
De sa face
C'était lui-même.

196.

Tout miroir
Est faux
Parce qu'il répète
Ce qu'il ne voit pas.

197.

Le plus court chemin
De nous-même
À nous-même
Est l'Univers.

198.

La machine
A toujours
Peur de son cri.

199.

L'eau
Dans le vase
Ne voit pas
Le vase.
Elle voit
La forme du vase
Et croit que
C'est elle-même.

200.

Dans la douche
L'eau prend son bain
En rechignant.

201.

Le beige
Est l'idéal fauteuil.

202.

Toutes les couleurs
Sont amies
De leurs voisins
Et amoureuses
De leur vis-à-vis.

203.

Le blanc bot
C'est le corail.

204.

Passant
Pourquoi tant te hâter ?
Tu butes contre toi-même.
Seul l'espace
N'a pas d'espace.

205.

« J'ai tiré
Une ficelle
Sur le sol
Et j'ai vu bouger
Le sol.
— Ne t'en fais pas
Tu n'es pas fou
Tu n'as fait
Que voir
L'autre versant
De toi-même. »

206.

La femme
Oublie toujours
Ses fesses
Elle est trop
Occupée
De ses seins.

207.

Le plus bel éventail
Est la bouche :
Elle s'ouvre
Par le milieu.

208.

Le bleu
A toujours
Une idée
Derrière la tête.

209.

Mouchez le jaune
Et il devient
Blanc.

210.

L'eau de mer
Retire toujours
Son pantalon
Pour sauter
Le récif.

211.

L'eau
Eut peur
De se mouiller
Et devint
Brouillard.

212.

Si l'humanité
Faisait
L'amour en commun
Cesserait
À jamais
Le sens du rire.

213.

Le blanc
N'est jamais
Blême.

214.

Le noir
Est la lumière
Trouée.

215.

La lumière
Se lace
Les souliers
Dans les herbages.

216.

Seul le jaune
Est à temps.

217.

Jamais l'eau
Ne pourra atteindre
Le feu
— ? ! ? ! ! ?
S'éteindrait le soleil.

218.

« Elle l'aima
Tant
Qu'un jour
Elle se crut
Devenue
Son mari.
— Qu'advint-il ?
— L'homme devint fou. »

219.

Elle mit
Sa robe
Et puis
Le bleu de sa robe
Et elle alla
À un rendez-vous d'amour.
« Et quand elle revint ?
— Elle avait perdu
Sa robe
Elle avait gardé
Le bleu.
— Et depuis ?
— À chaque fois
Qu'elle n'est pas
En robe bleue
Elle se sent
Dévêtue. »

220.

L'arc-en-ciel ?
Le collier
Qui cherche
Son cou.

221.

Le diamant
Est l'éternel noyé
Où la taille
Fait la respiration
Artificielle.

222.

Jésus toucha
Les yeux de l'aveugle
Et l'aveugle vit.
L'aveugle regarda ensuite
Ses propres mains d'aveugle
Et il vit
Que ses mains
Étaient
De lumière.

223.

Toutes les fesses
Échappent
À droite et gauche.

224.

Le trou dans le trou
C'est le plein.

225.

Elle vint
Et se donna.
Puis partit
En s'oubliant
Sur le lit.
L'homme
Dès lors
L'eut dans la peau.

226.

Les animaux
De l'arche
Étaient les sentiments
De Noé.

227.

Le jaune mastic
Constipe.

228.

La lumière
N'est véritablement
Nue
Qu'au bord de l'eau.

229.

Le blanc d'œuf
Dit au jaune d'œuf
« Tu es mes antipodes. »

230.

La quadrature du cercle
C'est l'œil
Au sein du regard.

231.

Ève
Porta son sexe
Sur sa bouche.
Vint
La pudeur.

232.

Le miroir
N'a pas
De mémoire.

233.

Le vieux rose
Est
Un corps
Sans âge.

234.

Une aiguille
Qui pique
Une autre
Tel est l'éclat
Du diamant.

235.

Toute racine
Au-dessus
Du sol
Trotte
Comme un oiseau.

236.

Elle brûle
D'ennui.
Qui est-elle ?
Le gris
En soie grège.

237.

Le vert
Est la couleur
Qui sustend
Le mieux.
Et le bleu
Fait parasol.

238.

Les couleurs
N'ont pas
De métis.

239.

Le mauve
Pleure
Des larmes d'argent
Et rit
Des sourires d'or.

240.

L'espace
Perdit
Sa poche
Et la retrouva
Dans une graine.

241.

La banana
Malade
Eut
Un panaris.

242.

La nuit
N'a pas
De dortoir
Elle couche partout.

243.

L'eau
A
Pour pantalon
L'écume.

244.

La machine
Fatiguée
Ronfla.
Le temps
Dormait
Dans son sein.

245.

L'oiseau paille-en-queue
Est une orchidée
Qui cherche
Ses ailes
Dans la lumière.

246.

Les grains
Dans la grappe
Jouent
Un jeu de golf
Sans trou.

247.

La lumière
S'effeuille
Quand
Tombent
Les pétales
De l'automne.

248.

Tous les bruits
Amers
Sentent
La vague.

249.

Nul parfum
N'est vierge.

250.

Croire
Est la fatigue
Des dévots.

251.

L'huile
Ne laisse
Si bien glisser
Que parce qu'elle
Se freine.

252.

Toute montagne
A le fauteuil
Qu'il lui faut.

253.

Le blanc chauve
Est l'os.

254.

Tous les bleus
Ardents
Ont
La gorge
Serrée d'amour.

255.

L'araignée
Meurt
Lorsqu'elle
Se voit
Mouche.

256.

Don Juan
Devint
Mystique
Pour éviter
D'être pédéraste.

257.

Si la mère
Avait des tétons
Pointus
L'enfant plus tard
N'aurait pas tété
Son pouce.

258.

Le lilas
Est le rose
Qui rêve.

259.

Le coq
Criera à la lune
Et le chien
Aboiera au soleil
Aux derniers temps.

260.

Les joues
Se cherchent
Une joue
Dans le sourire.

261.

La liane
Est le parfait
Sportif.

262.

Tous les mots
Sont des pièges
À mouches.
L'araignée
C'est l'idée.

263.

La banque
Est une police
À froid.

264.
Ne force
Pas
Le feu
Il devient froid.

265.

L'aurore boréale
Est l'haleine
De la lumière
Face
Aux grands froids.

266.

Elle loucha tant
Qu'elle se faussa
La hanche.

267.

L'herbe enrhumée
Dit à l'air :
« Passe-moi
Ton mouchoir
Ma mie ! »

268.

La nuit
Est un trou
Sans rebords.

269.

Le sucre d'orge
Perdit
Sa langue
À force
De la sucer.

270.

Une étoile
Glissa
Dans le ciel.
L'espace
Avait cédé.
Le temps tombait.

271.

La lumière
S'était mis
Un corset
Pour se défendre
Contre la réverbération.

272.

Les lys
Glaçaient
L'espace
De leurs cris
Blancs.
Vint
Un oiseau rouge.
Il y eut
Une hémorragie
Du blanc.
L'été neigeait.

273.

Tout
Fuit
Devant tout
Afin
De ne pas être
Mangé.
Seule se défend
La terre
Que tout mange
Mais qui mange
Tout.

274.

L'eau
Dans
L'eau
C'est
La
Lumière.

275.

La nuit
Ce soir
Dormait
Seule :
On l'avait
Mise
Dans la cave.

276.

Le bleu
Était nu-pieds.
L'eau
Le caressait.
Il y eut
Un grand frisson
Vert
Sur la mer.

277.

La mer
Avait
Ouvert
Ses cuisses
Et on sentait
L'odeur
Des algues.

278.

Le plan d'aloès
Est
Un artichaut
Manqué.

279.

Le silence
Se bouchait
L'oreille.
Tombait
La bombe atomique.

280.

Le mouvement
De l'eau
Est une
Soif éternelle.

281.

L'inconscient
Eut
Une syncope
Et se retrouva
Étendu
Dans les jardins
De la mémoire.

282.

L'appétit
Eut
Tellement faim
Qu'il se mangea.

283.

Les deux lèvres
Entre elles
Sont
En baiser
Mutuel
Perpétuel.

284.

La ligne
Fit mouche
Sur le point
Et en s'écrasant
Elle causa
Le cercle.
Le centre
Était né.

285.

Le jaune
Donne
La pointe d'ail
À l'huile du bleu.

286.

Il était
Tellement
Digne
Qu'il
Ne s'aperçut
Pas
Que son corps
Se moquait
De lui.

287.

L'œil
Devint
Ventru
Et accoucha
D'un mort-né :
La bêtise.

288.

Elle se donna.
Il la prit.
Le troisième personnage
Était le temps
Qui les fit
Tous deux
Cocus.

289.

La branche
Prit
Ses jambes
À son cou
Et se sauva
Dans la liane.

290.

La lumière
A l'espace
Pour salle
De bains.

291.

Les couleurs
Ne sont
Jamais
Vieilles.
Les formes
Les vieillissent.

292.

La fumée grise
Bâilla
D'un rire bleu.
Le feu
S'ennuyait.

293.

Midi.
La lumière
Prend
Sa leçon
D'équitation.

294.

La perspective
Est
Le caoutchouc
Indéformable.

295.

La chaîne de montagnes
Allait
Si vite
Que la route
Eut
Tout juste le temps
De la contourner.

296.

La nuque
Est
Le dortoir
Du cou.

297.

La cuisse
Est violée.
Le sexe
Est toujours
Consentant.

298.

La route
Court
Dans les deux sens.
C'est pourquoi
Elle est immobile.

299.

Le feu
À force
De se fixer
S'éteignit.

300.

La montre
Est
En retard
Du boîtier.

301.

Tout chapeau
Donne
Une seconde tête.

302.

Le collier
Dit au cou :
« Ne me serre
Pas trop.
Tu m'entoures. »

303.

Tout fou
Serait guéri
Si on pouvait
Le mettre
En face
De son sosie.

304.

Pour que
Le chameau
Passe
Par
Le trou
D'une aiguille
Il ne suffit
Que de le filmer
À travers.

305.

L'ouïe
Ne s'entend
Pas
Sauf
Dans l'écho.

306.

Prince Charmant
N'épousa
Pas
La Belle-au-bois-dormant
Il en fit
Sa maîtresse.

307.

L'auto
N'est consciente
D'elle-même
Qu'en tamponnant.

308.

Le ballon
Bouda
Tant
Qu'il en creva.

309.

Le silence
Buta
Contre l'intra-son
Et
Le piano
Fut
Ventriloque.

310.

Le hasard
Dit à la chance :
« Marions-nous
Pour faire
Le miracle. »

311.

La lumière
Était fatiguée
D'avoir trop lu.
L'œil de l'homme
Se ferma.

312.

Le feu
Après avoir
Tout dévoré
Se regarda épouvanté.
Il savait
Qu'il allait
Se dévorer
Et que ce serait
Sa fin.

313.

Les moutons
Sur la mer
Battent
Leur propre laine.

314.

La roche
Concassée
Comptait
Ses os.

315.

Les grandes herbes
Sous la brise
Faisaient
Des ondes.
Le poisson
En mer
Sortant la tête
Et voyant
La colline ondée
Dit :
« Qui m'a dépeuplé ? »

316.

Le cadenas
Fermant
La porte
Se vit
Prisonnier
De la porte.
L'homme l'ouvrit
Et le cadenas
Se vit prisonnier
De sa liberté.

317.

La liane
Amoureuse
Du tronc
Dit au tronc :
« Fais-moi
Place
Tu es dans moi
Et je ne te tiens pas. »

318.

La fougère
Lissa
Les cheveux
Du vent
Qui la peignaient.

319.

Toutes les affiches
En veulent
Au mur
D'être
Devant elles
Quand on les voit.

320.

Le fil électrique
Allait
Si vite
Qu'il escamotait
Les poteaux.

321.

Toutes les fesses
Mentent
Sous les tissus blancs.

322.

La lumière
A pour
Cache-sexe
L'ombre.

323.

La grille
Se demande
Si l'espace
La traverse
Ou s'il la suit.

324.

La porte
Est là
Pour que le mur
Ne traverse
Pas tout.

325.

Le giraumon
Et sa liane
Étaient
À l'ancre
De l'ombre.

326.

Le film
Sur l'eau
En est
Le couvre-lit.

327.

Le ruisseau
Coulait
Si vite
Que les arbres
Qui le suivaient
Ne réussirent
À le rejoindre
Qu'à la mer.

328.

Toute chose
Est en balançoire
Par l'ombre.

329.

Le couteau
Se coupa.
Vint le plat.

330.

La fenêtre
Pour laisser
Passer
La porte
Passa à travers elle.

331.

L'espace
S'appuie
À tout
Et ne se repose
Sur rien.

332.

La volupté
Est
Au centre
Du cyclone
Des sens.

333.

La roche
Montre
Son coccyx
Dans l'éclat.

334.

L'eau
Perd pied
Avec le dernier
Film
D'eau
Qui s'évapore.

335.

La borne
Se croit
Toujours
L'origine
De la route.

336.

La boue
Prit
La terre
Comme table
Et déjeuna
Des détritus.

337.

L'affiche lumineuse
Attendait
Quelqu'un :
Le jour.

338.

L'encoignure
Regardait
Par les deux routes.
« Pas d'accident ? »
Dit-elle.
L'encoignure s'ennuyait.

339.

La tulipe
Souleva
Sa robe
Pour cacher
Ses fesses.

340.

L'escalier
Monta
À grands pas.
Lorsqu'il fut
Arrivé
En haut
Toutes les marches
Dégringolèrent.

341.

Le blanc
Est toujours
En chemise de nuit.
Lève la chemise
Et voici l'incolore.
Lève l'incolore
Voici la nuit.

342.

Ils marchaient
Seuls.
Ils déplaçaient
L'espace
Par leur haleine
Et le temps
Par leurs mots.

343.

La serrure
Est
Tout le temps
À chercher
Une porte de sortie
Par la clé.

344.

L'eau
Eut peur
Et s'avala.
Le vent
Pratiqua sur elle
La respiration artificielle
Et l'eau
Revint à la vie.

345.

Le silence
Devint
Aphone.

346.

Tapant
Du pied
Contre une roche
L'enfant
Entendit
La roche
Dire :
« Qui me frappe
Au cœur
Avec le marteau
Du mou ? »

347.

Le rire
N'en pouvait
Plus.
Il dit
Au pleur :
« Viens à mon secours. »

348.

Le blanc
Se mit
Au régime des couleurs
Pour maigrir.

349.

La syncope
De la roue
Qui tourne
C'est la nuit
Avançant
Par son évanouissement.

350.

Le tourbillon
C'est l'eau
En torticolis.

351.

« J'ai soif », dit le pain.
« J'ai faim », dit l'eau.
Ils communièrent.

352.

Le buvard
Dit à l'encre
« Je t'imprime
Et tu me mets
Sous presse. »

353.

Le chien
Aboie
À la lune
Parce qu'il
Croit
Que c'est
Un os.

354.

L'épingle
Souffrit
De la piqûre
Du papier
— Elle
La si sensitive.

355.

L'électricité
Fait
Le va-et-vient
Pour chercher
D'où elle vient.

356

La graisse
Est
Une fausse grasse.

357.

L'homme
Se vit tellement
Dans le miroir
Qu'il se perdit de vue.

358.

L'orchidée
Met ses mains
Dans les poches
Et les cherche
Partout.

359.

Qui pourrait voir
Simultanément
Aux deux bouts
Des antipodes
Serait dans le soleil
D'où la terre
N'a pas d'épaisseur.

360.

Toutes les formes
Naturelles
Sont des habillements
Du corps
De l'homme.

361.

Le pire aveugle
Est le gris
Il voit
Dans le noir.

362.

Pour attraper
Le centre
Il faut saisir
Le cercle.
Mais comme
Il y a un infini
De cercles
On n'arrive
Jamais
Au centre.
L'infini
Sur un point
Est le néant.

363.

Trotte
Ô chien
Comme un cerf
Oreilles au vent.
Je te crie dessus
Et te voici
Devenu
Chatte
À pattes de velours.

364.

La lumière
A le lys
Comme thème
À pistil
De feu.

365.

L'ombre
Jamais
N'a vu
Le soleil
Car le soleil
N'a pas d'ombre.

366.

Les couleurs
Sont les consistances
Principielles.

367.

L'amour
Nous fait voir
Le regard
Avant les yeux.

368.

Quand l'eau
Eut perdu
Sa bouche
Elle se regarda.
Sa bouche
Était sous l'eau :
La lumière.

369.

L'eau
Eut tellement soif
Qu'elle vint
Boire
Dans les criques
Désertant
Les déserts d'eau
Des mers immenses.

370.

La nuit
Vue
En plein jour
Est incolore.

371.

Les fesses
Sont un fauteuil
Qui s'assoit
Sur le coussin.

372.

La pluie
Eut peur
De s'enrhumer.
Elle s'enveloppa
Du brouillard.

373.

La nuit
Est toujours
Au lit.

374.

Toute femme
Est athée
De son sexe.

375.

La marguerite
Avec ses doigts
Faisait
Belle menotte
Des yeux.

376.

La goutte de sang
Buvait son sang
Et le suait.

377.

L'œuf
Roula.
Ses mains
Retenaient
Son ventre.

378.

L'herbe
Avance
Sur les béquilles
De l'ombre.

379.

Les oies
Marchent
En troupeaux
De fesses
Dans le soleil.

380.

La fenêtre
S'essuyait
Les yeux
Avec le mouchoir
Du rideau
Il pleuvait.

381.

La lumière
Assiste
À tout moment
À son enterrement
Par l'ombre.

382.

Le diamant
Se mit
Une bavette
Dans la bague.

383.

La lumière
Jouait
À saute-mouton
Sur les ombres.
Son dernier saut
Fut
Dans ce bouquet
De roses
Où elle s'écrabouilla
En éclats.

384.

L'œil
Eut
Un torticolis
Sur le cou
De clarté
Du jet d'eau
Ébloui.

385.

La boue
De clarté
Était pleine
De vers lumineux.

386.

Le mauve
Tomba
Et se fit
Une bosse.
C'était une perle.

387.

La robe
S'habilla
Elle-même
Par ses volants.

388.

La brise
Agitait
Le feuillage.
Il y eut
Sur le sol
Un tremblement de terre
De lumière.

389.

L'espace
Respirait
Si fort
Que l'écho
S'avala.

390.

Le livre
Fatigué
De se lire
S'endormit.
La pensée
Ronflait
Dans la bibliothèque.

391.

Toutes les lumières
Croisées
Paraissent
Rêver.

392.

La lumière
Ce matin sur la mer
S'était mis
Des chaussettes.
L'écume
Avait peur
De se tremper.

393.

La boue
Croit
Toujours
Que l'eau
Veut la salir.

394.

Toute lucarne
Se trompe
De côté
Quand
Le soleil tourne.

395.

La bouche
Boudait
La joue
Et la joue
Boudait
La bouche.
Le rire
Les jeta
Dans les bras
L'une de l'autre.

396.

Il revint
En arrière
Et tamponna
Contre sa pensée
Qui était
Devant lui.

397.

La bague
Se croit
Toujours
La raison de vivre
Du doigt.

398.

Le tapis
Marchait rapidement.
Quelqu'un marcha
Sur lui.
Il s'arrêta
Pour voir
Passer le pas.

399.

La balustrade
Eut
Un vertige
Et tomba
Dans l'escalier tournant.

400.

La spirale
N'a pas
D'âge
C'est le temps
Éternel.

401.

La louche
Étonnée
Crut avoir
Touché
Un sein
Dans la soupe.

402.

La chaise
Se croit
Toujours
Le principal
Personnage
Assis.

403.

Le blanc
Fut
En léthargie
Dans l'argent.

404.

Le pneu
Croit
Toujours
Que le caoutchouc
C'est la route.

405.

La vitre
Ne sait
Par
Quel côté
Se regarder
Pour se reconnaître.

406.

Le trou
Sortant
De son trou
Laissa
Un plein
Impassable.

407.

Le plat parfait
Tomba
Par manque
De point d'appui.

408.

Le télescope
Est
La Tour de Babel
Qui a atteint
Son ciel.

409.

Le feuillage
Dans la brise
Met la forêt
En bal masqué.

410.

L'ongle
Dit à l'ongle :
« Tu es
Mon silex. »

411.

Le diamant
Dans sa prison
De lumière
Se sentit
Couvert
D'oriflammes.

412.

La chambre
Pleine de meubles
Ne sut
Où se placer.

413.

La route
Se raccourcit
Dans le tournant.
L'espace
Avait tourné.

414.

L'espace
N'est
Qu'un mur
Qui avance.
Le but
De l'atomisme
Est
De briser
Ce mur.

415.

La robe
Se releva
La cuisse
Baissa
De la taille
Et fit voir
Son sexe
C'était l'ourlet.

416.

La route
Se prit
Pour le poteau
Et fit
Tamponner
L'auto.

417.

L'eau
Se massa
Si bien
Avant
De tomber
Que
Dans la cascade
Elle ne fut
Qu'un paquet
D'os.

418.

La mer
Pleine
Fut prise
Du mal
De mer.

419.

Le point
Est
Le seul
Satisfait
De sa position.

420.

Elle
Ne devint
Nue
Que
Lorsque
Vint
La volupté.

421.

L'espace
Se prit
À se demander
Qui
L'avait
Mis
Là.

422.

Le cacatois
Sur le cocotier
Crut
Que la palme
Ne bougeait
Que
Parce que
Sa couleur
L'éventait.

423.

Toute eau
Coule
Pour se créer
Une pente
Et niveler
Son niveau d'eau.

424.

On jeta
De l'huile
Sur l'eau.
Et l'eau
Pour ne pas
Couler
Fit la planche.

425.

L'engrenage
Brisa
Ses dents
En mastiquant
Trop fortement
Le mouvement.

426.

La poussière
Dans l'air
Éternua
Et avala
Tant de vent
Qu'elle fut
Jetée
À terre.

427.

La lumière
Se baignait
Au bord de l'eau.
Une ombre
Passa
Et le jeta
Dans l'eau.

428.

Le nuage
Ce matin
Laissa
Tomber
Son parapluie.

429.

La cendre
À terre
Se demandait
Où avait passé
Le feu.
La fumée
Répondit :
« Tu l'as avalé. »

430.

Le soutien-gorge
Et le cache-sexe
Crurent
Tous deux
Qu'on les cachait
À cause
De leur transparence.

431.

L'eau
Repue d'air
Se mit
À roter.

432.

Le jaune
Frappant
Contre le violet
Eut une bosse
De bleu.
La voûte azurée
Était née.

433.

L'épaule
Faisait
À la hanche
Des mises en plis.

434.

Quand
Le brouillard
Ouvrit
Les yeaux
Il vit
Que tout
Le regardait.

435.

Toute vierge
A une
Verge
Dans la voix.

436.

Le crâne
Au fond
De la tombe
Rit
De la bonne
Farce
Qu'il avait
Faite
Aux hommes.

437.

L'eau
Manquait
De savon.
Elle prit
La terre
Et
Se bouchonna.

438.

La bouche
Était
Alitée.
L'œil veillait.

439.

Toutes les fesses
Se ressemblent
Sur
Le vase
De nuit.

440.

Le noir
Eut
Tellement
Peur
Qu'il devint
Gris.

441.

Dans les jardins
À la française
La lumière
Fait l'exercice.

442.

Le pont
Arrivé
À l'autre bout
Réalisa
Qu'il ne pouvait
Plus
Revenir en arrière.
Il s'était
Dépassé.

443.

L'huître
Avala
Sa perle
Et devint
Un papillon
Nacré.

444.

La paupière
S'était
Envolée.
Le regard
Planait.

445.

La glu
Tout empêtrée
Dans son geste
Dur
Fut prise
D'attendrissement
Pour le papier
Et l'aima
D'un cœur
Implacable.

446.

Pour amollir
La glu
Il faut
La durcir
Des doigts.

447.

La lumière
Perdit
Ses yeux.
Vint
Le noir.

448.

La lune
Grelottait.
Le soleil
La passait
Au fer
À repasser.

449.

Il pleuvait.
L'air
Avait oublié
Son pardessus.

450.

Les décolletés
Bas
Mettent
Une cuisse
À la place
Du cou.

451.

L'abat-jour
Rit
Sous sa robe
De lumière.

452.

Dans l'éternité
Il n'y a
Pas
De nuit.
Les couleurs
Sonnent
Les heures.

453.

Les bouches
Dures
Aiment
Les chapeaux
Mous.

454.

Midi.
L'ombre
Faisait
Au soleil
Une pupille.

455.

La haie
Courait
Entre les jambes
Du vent.
Elle s'arrêta
Et l'air
Prit
Ses jambes
À son cou.

456.

Le temps
Se sentant
Devenir
Vieux
Se mangea
Et rajeunit.

457.

Le pain beurré
Était
En appétit.
L'homme n'eut
Plus faim.

458.

Tout ce qui raye
La nuit immobile
Prend
Feu.

459.

Les couleurs
Ne rient
Seulement
Que
Sous la pluie.

460.

Le parfum
Se promena
Nu
Avec
Pour tout cache-sexe
La forme
De la fleur.

461.

L'eau
Avait
Tellement maigri
Que dans
La cascade
Elle n'était
Qu'un paquet
D'os.

462.

Le poteau
Voulut
Suivre
La route
Par l'ombre
Et tomba
Dans le canal.

463.

Le Globe terrestre
Ne bougeait plus.
La nuit
Pensait.

464.

Une roche
Creuse
Au ras
De l'eau
Buvait
L'anus
Des flots.

465.

L'œil
Sous le chapeau
Des cils
Minaudait.

466.

Le gris nu
S'était taillé
Une robe de nuit
Et passait
Invisible.

467.

La lumière
Se lissait
La moustache
Dans le corps
De cette délicate
Fougère.

468.

La lune
Ce soir
Dormait
Mal.
Les nuages
Lui donnaient
Des cauchemars.

469.

L'hiver
Avait
Pris
Froid.
La neige
Éternuait
Cet hiver.

470.

Tous les métaux
Malmenés
Martyrisés
Ont
Des cris
De blessés.

471.

Le poulpe
Marchait
Sur ses talons
Appuyé
Sur des béquilles
D'eau.

472.

La lumière
Se lavait
Les yeux
Dans la mer :
Il pleuvait
À grosses
Gouttes.

473.

L'éclair
Voulut
Précéder
La nuit.
Vint
Le tonnerre.

474.

L'air
Se vitrifia
La vitre
Se cassa.
Ce fut
La bombe H.

475.

Le point
Ne part
Jamais.
Celui
Qui dresse
Une ligne
Dessine
Dans l'immobile.

476.

La lumière
Fit
Un faux pas
Perdit pied
Et tomba
Dans le faux
Jour.

477.

Les waters
De la terre
C'est l'air.

478.

La roche
Marchait
À petits pas
Dans
Les cailloux
Et se cassa
Le pied
Sous
La roue
De l'auto.

479.

La lumière
Avait
Retourné
Sa chemise.
Il faisait
Noir.

480.

La pierre
Tomba
Dans l'eau.
L'eau
Ramena
Rapidement
Sa jupe
Sur la pierre
Qui tombait

481.

Les yeux
Nus
Sous les cheveux
Noirs
Dirent
Aux cils :
« Baisse
Ton auvent
Ma mie
On me voit
Trop
Dans la rue. »

482.

L'étincelle
Se perdit
De vue.
Quand
Elle
Se revit
Il faisait
Noir.
Elle
Se prit
Pour
Une étoile.

483.

La racine
Cherchait
Sous terre
L'origine
De
L'arbre.

484.

La boue
Prenait
Son bain
En s'asséchant.

485.

« Prends-moi
Nue »
Dit la fleur
Au soleil
« Avant
Que la nuit
Ne me ferme
Les cuisses. »

486.

Elle oubliait
Partout
Sa hanche
Comme un mouchoir.
On la lui rendait
Avec des lettres
D'amour.

487.

Dieu
N'aura
Jamais
Conclu.
Il est
Le Quotient.

488.

Le vinaigre
Eut
Mal au ventre
Pour avoir
Bu
Trop d'huile.

489.

La roue
Essoufflée
Eut
Une contraction
De l'essieu.

490.

Le bol
Repu
De la cuiller
La vomit
Par ses anses.

491.

L'été
Marchait
Si vite
Que l'automne
Le saisit
Dans les feuilles-fleurs.

492.

La lumière
S'était
Mise
Une robe
Jaune
Pour courtiser
Le lilas.

493.

Toutes les couleurs
Dînent
À la même table
Du jaune.

494.

L'œil
Est bouche bée
Quand la bouche
Sourit.

495.

La nuit
Roula
Si vite
Pendant la nuit
Que lorsque
Vint le jour
Elle avait
Atteint
La vitesse
Même
De l'espace.

496.

La rose
Rougit
Et devint
Blanche
De bonheur.

497.

Le laurier-rose
Allait
Si vite
Dans l'allée
Que quand
L'ombre
Au matin
Revint
L'ombre vit
Que le laurier
Avait fait
Le tour de la Terre.

498.

Dans les prés
Où courent
Les arbres
L'herbe
Gagne
Toujours.

499.

La lumière
Avait barré
La route
À la clarté
Par la réverbération.

500.

L'élastique
Se mesurait.
La lumière
Faisait
Ses muscles.

501.

L'été
Avait
Tellement chaud
Qu'il
Sua
À grosses gouttes
De pluie.

502.

La lumière
Ne tourne le dos
Qu'une seule fois
À la mort.

503.

La terre
Dort
À midi
Et s'éveille
La nuit.

504.

La route
Eut
Des cors
Aux pieds
À force
De marcher.

505.

Il était
Tellement
Digne
Qu'il
Ne s'aperçut
Pas
Que son corps
Se moquait
De lui.

506.

L'herbe
Mouillée
Se rinça
Les doigts
Dans l'aiguière
De lumière.

507.

Le bruit
Se croqua
Et
Laissa
Ses dents
Dans les
Touches
Du piano.

508.

Centrifuge
Et centripète
Ont
Pour compromis
La nuit.

509.

Si
La tortue
Marche
Si lentement
C'est
Parce qu'elle
Est
Amoureuse
De ses pattes.

510.

Le temps
Avait oublié
L'heure
Dans une horloge.

511.

La puce
Crut
Renverser
La montagne
Quand
Son ombre
Versa.

512.

La terre
Se déterra.
L'auto
Qui remontait
La pente
L'avait
Ressuscitée.

513.

Le charbon
Se mit
En chambre noire
Pour mieux voir
La lumière.

514.

Le marron
Se purgea
Dans le jaune
Serin.

515.

Beaucoup
De toiles
Sont faites
De cils
Et l'araignée
Est
Le regard.

516.

La maison
Marchait
Tout autour
De la véranda.

517.

La saucisse
Tira
Sur son ventre
Pour avoir
Moins faim.

518.

La mangue
Biberonnait
Son menton
Avec ses joues.

519.

Le serpent
Eut
Une colique.
Vinrent
Les intestins.

520.

L'arbre
Avait fui
Dans ses tiges
Afin de dire
Bonjour
À la brise
Qui passait.

521.

Le nuage
Pleurait
Pour avoir
Trop bu.

522.

Les arbres
Avançaient
En louvoyant
Dans les vagues
De l'herbe.

523.

L'ombre
Cloua
Elle-même
Son cercueil
Dans le trou.

524.

Face au miroir
L'œil
Se poudrait
Et les cils
Balayaient
L'excès.

525.

Quelqu'un
Un jour
Dévissa
Une oreille
Et en fit
Un tire-bouchon.

526.

La lune
Pleine
Fit
Un enfant
À l'eau.

527.

La chaux
Se blanchit
De charbon
Pour se
Mieux voir.

528.

La hanche
Charriait
La charrette
De son corps
Où
Elle était
Assise.

529.

La fumée
Prit
Feu
Dans une bulle
De savon.

530.

Elle portait
Son sexe
En sautoir
Dans les breloques
De ses seins.

531.

La vitesse
Fut
Prise
De vitesse
Dans la ligne
Qui se suivait.

532.

Ses cils
Ne se voyaient
Plus
À cause
De sa calvitie
Du blanc de l'œil.

533.

Le feu
Prit feu
Et devint
Un incendie
De couleurs.

534.

La roche
Se cassa
En deux
Pour connaître
Son cri.

535.

Les perles
S'endiamantaient
Sous la lune.

536.

Le robinet
Près du mouchoir
Rouge
Fut pris
D'un pissement
De sang.

537.

Le feu
Avait pris
Froid
Et s'était mis
Une mantille
D'air humide.

538.

Le bleu
Sursauta.
Le jaune
L'avait pincé.

539.

La volupté
Ce matin
Était malade.
Hier soir
Elle avait
Fait
La noce.

540.

Le sol
Avait
Perdu
Ses talons
Dans les trous.

541.

Le toit
Se sauva
Dans la cheminée.

542.

L'huile
Fut prise
D'un vomissement
L'eau
Lui
Brouillait
Le ventre.

543.

La croix
Voulait
S'envoler
Du caveau.
Le mort
La rattrapa.
C'était son ombre.

544.

La pluie
Perdait
Tous ses cils
À force
D'avoir pleuré.

545.

Les fesses
Du soleil
C'est la pleine lune.

546.

Le marron puce
À une
Entérite.

547.

Le miroir
Est l'éternel
Badaud.

548.

La nuit
Vint.
L'espace
Fermait
Ses portes.

549.

Le meilleur
Coq
Est
Celui
Qui ne fait
Pas
Courir
Les poules.

550.

L'araignée
Avait mis
Son voile de mariée
Pour épouser
La mouche.

551.

La mer
Prenait son bain
Dans le costume
De bain
Des algues.

552.

Le lys
Retira
Sa gaine.
Le dahlia
L'embrassa
À mi-cuisse.

553.

L'eau
S'en allait
Pieds nus
Se baigner
Dans la mer.

554.

La montagne
Se déculottait
Pour pisser
Dans la plaine.

555.

Le bleu
Barrait
La route
À l'horizon.

556.

Elle était
Toujours
Assise
Plus haut
Que ses fesses.

557.

Il avait
La déplorable
Manie
De marcher
Comme un arbre :
À chaque pas
Il se déracinait.

558.

La couleur
Eut
Tellement
Faim
Qu'elle mangea
L'ombre.

559.

Ses yeux
Allaient
Si vite
Que sa bouche
Dut faire
Les bouchées
Doubles.

560.

L'oreiller
Se tétait
Le pouce
Dans le coin
Des draps
Et sirotait
La nuit.

561.

Elle mangea
Sa bouche
À force
De penser
Ses yeux.

562.

Elle se purifia
L'âme
En purgeant
Ses robes.

563.

L'œil
Était à table.
Le blanc de l'œil
Servait la pupille
Dans la vaisselle
De l'iris.

564.

La perle
Pleurait
La lumière
Qui lui séchait
Les yeux.

565.

On fit
Tant de bruit
Ce soir-là
Que la nuit
Ne dormit pas.
Le matin
On la
Vit
Sous la table.
Elle réveillonnait.

566.

Les petits oiseaux
Apprennent
Le solfège
Avec les couleurs
Du printemps.

567.

La lumière
Avait
Un rhume de cerveau.
Le soleil
Éternuait
Dans la réverbération.

568.

Dans la cascade
L'eau
Laisse tomber
Son arrosoir
Puis
Vient
Après.

569.

Le poisson
Faisait
Godiller
Ses couleurs.

570.

Le regard
Chez elle
Était
Dans le sac à main
De sa bouche.

571.

Il y eut
Un jeu d'éclats
Sur la vitre.
L'espace
Louchait.

572.

Le soleil
Avant
De se retirer
Envoya
Des ombres
Très
Au loin
Avertir
La nuit
Qu'elle pouvait
Venir.

573.

La lumière
Tentait
En vain
De mastiquer
Tous les trous
Que mettaient
Dans l'espace
Les regards
Des hommes.

574.

Le miel
Se suça
Et se vit
Amer.

575.

Sa démarche
La gainait.

576.

L'eau
Par pudeur
Serrait
Ses cuisses.
La rame
Passa
Et la laissa
Vierge.

577.

La roche
Qu'on ramenait
Avec le rateau
Marchait
Comme une langouste
Parmi les vagues
Des feuilles mortes.

578.

Les cyprès
Alignés
Portaient
Le cercueil
De la route.

579.

Le bleu
Massé
Devint
Gros bleu.

580.

Le blanc
Chaque matin
Sonnait
Son réveille-matin.

581.

Les ombres
À midi
Étaient autant
De croque-morts
Qui portaient
La terre
En terre.

582.

L'eau
Avait
Tant bu
Qu'elle
Eut
Des gaz.

583.

L'écho
Devint
Sourd.
L'eau
Martelait
Son son.

584.

La Belle-au-bois-dormant
Réveillée
Endormit
Le Prince Charmant.

585.

Elle portait
Son sourire
Épinglé
À ses dents.

586.

Son haleine
De fleur
Devint
Haleine de fruit
Après les noces.

587.

L'œil
De la lumière
Sommeillait
Entre les cils
De la fougère.

588.

Le tison
Comme un gros
Cigare
Fumait
Sa propre pipe
À l'autre bout.

589.

L'eau
Jouait
Avec ses seins
Dans le reflet
D'une poire.

590.

Midi
Mit
L'ombre
Au lit.

591.

La route
À chaque
Auto
Qui passait
Se roulait
À terre
Pour avoir
Moins mal.

592.

L'œil
Dut
Se moucher
Pour avoir
Trop ri.

593.

La lumière
Dans sa robe
D'après-midi
Alla
Jouer au golf
Avec les trous.

594.

L'eau sautillait
Ses propres
Baisers
L'humectaient
De joie.

595.

Les deux femmes
Se surveillaient
Mutuellement
Par leurs seins.

596.

L'échelle de Jacob
Était
L'arc-en-ciel.

597.

Le gris
En compagnie
Du puce
Eut la grattelle.

598.

La menthe
Eut
Mal aux dents
En touchant
Le mets chaud.

599.

Les blés
Dans le four
Du soleil
Cuisaient
Leur propre pain.

600.

Afin de se guérir
Du bien
Et du mal
Il se mit
Des deux côtés.

601.

Les géraniums
Se tenant
La main
Faisaient
Le tour
De l'allée
Qui leur servait
De bonne.

602.

La cascade
Émue aux larmes
Regardait
Tête dans l'eau
Pleurer le bassin.

603.

La lumière
Dans la boue
Avait
La diarrhée.

604.

Elle s'était
Mis
Une mouche
Coquette
Pour avoir
Visage d'enfant.

605.

La danseuse
Sur ses orteils
Planait
Comme un lys.

606.

Le lac
Ce matin
Après avoir
Passé
Une mauvaise nuit
Entra
Dans sa baignoire
Pour se détendre.

607.

La lumière
Se fit
Une blessure
À l'œil
Et donna
Le glaïeul.

608.

La vague
Perdit
Pied
Sur la grève
Et coula.

609.

La maison
Assise
Sur ses fesses
Regardait
Par la lucarne
Et quand
On ouvrit
Les portes
Elle descendit.

610.

L'éternel
Pédéraste
Est
Le matelas.

611.

Les lettres
En étaient
Encore
À apprendre
L'alphabet.

612.

Le soleil
Dans les clapotis
Des vagues
Forgeait
Ses propres bagues.

613.

Le sexe
Caressait
Ses poils
En attendant
Mieux.

614.

La pierre
Eut mal
Aux os.
On la
Martelait.

615.

Le magasin
Marchait
Autour
Des comptoirs
Et était
Assis
À chaque porte
D'entrée.

616.

La femme
Se rappela
Qu'elle avait
Des cuisses
Quand
Elles les eut
Ouvertes.

617.

Les trous
Se faisaient
Mutuellement
Visite
La nuit
Tombée.

618.

La prison
Libre
Par ses murs
N'osa pas
S'évader.
Les prisonniers
La retenaient.

619.

L'allée
S'en alla
Vers la rue
Pour voir
Si les gens
Venaient.

620.

La chaussure
Se donna
Un coup de pied.
Vint
La savate.

621.

Elle faisait
Du cidre
Avec sa hanche
Et vendangeait
Ses seins.

622.

Le rond-point
Vit
Zénon
Immobile
Qui circulait
En lui.

623.

Elle marchait
Comme
Une armoire.

624.

Les bornes
Et l'auto
Étaient en course.
L'auto
Servait
D'arbitre.

625.

Le chien
Devint
Chat
Devant
Le petit enfant.

626.

La pluie
Mouillée
S'égoutta
Dans le bassin.

627.

Le plancher
Faisait
Les cent pas.
Quand
On ouvrit
La porte
Il sortit
De la chambre.

628.

La montée
Essoufflée
Fatiguait
L'auto.

629.

L'église
Avançait
Vers la foule
Qui venait
Vers elle.

630.

Elle était
Comme
Un gros
Ananas
Sur le plateau
De ses hanches.

631.

Ses caresses
Sentaient
L'ail
Et sa bouche
Le vinaigre
Mais
Ses yeux
Étaient sucrés

632.

Elle avait
Une manière
De s'asseoir
En tabouret.

633.

La porte
Entra
Par la porte
D'entrée
Et sortit
Quand l'homme
L'eut traversée.

634.

Les eaux
Se boudaient
Dans
La rame.

635.

Le chapiteau
Grimpa
Sur le toit
En quête
De sa tête.

636.

L'espace
Fit
Un faux pas
Et forma
Le trou.

637.

Le nuage
Sous sa tente
Se cachait
De la pluie.

638.

La goutte
D'eau
Sur la table
— Trempée
Jusqu'aux os —
Se séchait.

639.

La volupté
Grelottait.
Le couple
L'avait
Déshabillée
Trop tôt.

640.

Les pas
Du cheval
Dans la boue
Refaisaient
Le chemin
À pied.

641.

L'araignée
Se mit
Sous sa moustiquaire
À cause
Des mouches.

642.

Elle faisait
Une descente
De lit
De ses cuisses.

643.

La poire
Fit un enfant
À la pomme
Dans l'abricot.

644.

L'eau
Qui était
Venue
Tête en avant
Partit
Sous le pont
Par les pieds.

645.

Elle tirait
Ses reins
De tous côtés
Ne pouvant
Ajuster
Ses fesses
Sous sa robe.

646.

La pierre
Mangeait
Ses propres fesses
À force
De rester
Assise.

647.

La pluie
Vint
Quand
Les grosses pierres
Ne purent
Plus Suer.

648.

Les plantes
Mangent
Peu
Le soir
Pour bien dormir.

649.

Elle se déshabillait
Comme on enlève
Un rideau.

650.

C'est
Pour fuir
La pente
Que
L'eau court.

651.

La carotte
Bouffait
La bouche
Du cheval
Qui lui
Mangeait
Le nez.

652.

Le coq
Sans dents
Picorait
L'épi
De maïs
Afin
De se mettre
Un ratelier.

653.

Le miroir
N'a pas
De cœur
Mais
Beaucoup
D'idées.

654.

L'œil
Cogna
À la porte
Et
La bouche
Entra.

655.

À chaque
Fois
Qu'elle
Se baissait
Elle se
Servait
De ses yeux
Comme
Soutien-gorge.

656.

La fumée
Fumait
Son ombre.

657.

L'arbre
Sans pardessus
Courait
Sous la pluie
À la recherche
Du vent.

658.

Le bleu
S'avançait
Sur les murs
Se servant
De l'eau
Comme balancier.

659.

Ils firent
De la table
Et du lit
Un même plat.

660.

La cerise
Qu'elle
Mangeait
Se fendit de joie
Et lui dit :
« Mange mon corps
Afin d'avoir
Mon image
En toi. »

661.

Le mur
Fatigué
D'aller
Et de venir
S'assit
Et vieillit.

662.

Elle ramenait
Ses jambes
Comme
On hisse
Un drap.

663.

La ligne
Voulant
Compter
Ses points
Tourna
En cercle.

664.

Il allait
Tant
Vers la vie
Qu'elle
Le lâcha.

665.

Quand
La bombe
Voulut
Mettre
L'espace
Dehors
Elle explosa.

666.

La mouche
Sur la vitre
Se demandait
Où étaient
Le dehors
Et le dedans
Des choses.

667.

Les routes
Sont
De grands corbillards
Où la terre
Se porte
En terre.

668.

Le panier
Dit aux œufs :
« Ne pesez
Pas
Si fort
Vos coques
Me cassent
Les os. »

669.

Il pensait
À plat
Pour augmenter
Le poids
De ses
Idées.

670.

Des seins
À contre-pas
Faisaient
Tout
Son charme.

671.

Le porc
Se mit
En boîte
Pour retrouver
Son appétit.

672.

Elle était
Putain
De sa robe
Et
Pure
De cœur.

673.

L'arbre taillé
Se promenait
En veston de ville
Dans les
Squares.

674.

L'eau
Voulant
Se dégraisser
S'évapora.

675.

La lumière
Dans les fleurs
Jaunes
A
Sa tirelire.

676.

L'ombre
Marchait
À petits pas
Pour n'être
Pas coupée
Par les cailloux
De la route.

677.

Le jaune
Eut
Un bec-de-lièvre
Dans le
Glaïeul d'or.

678.

Le vert
Se larmoyait
Dans l'herbe
Et le soleil
Buvait
Ses larmes.

679.

Ses fesses
Étaient
Tellement
Adaptées
À son chapeau
Que sa robe
Remontait
Dans ses yeux.

680.

La mer
S'écouta
Parler
Et son son
Devint coquillage.

681.

La roche
En tombant
Dans le vide
Poussa
Un cri.
C'était
Le pré-écho.

682.

Sur le balcon
De l'haleine
Le nez
Faisait
Baldaquin.

683.

Pris
De fatigue
L'oiseau
Vola
Sur ses couleurs.

684.

La lumière
Devint
Sourde
À cause
Des oriflammes.

685.

Elle perdit
Les bretelles
De sa bouche
Dans un baiser.

686.

L'eau
Pissait
Parmi
Les ajoncs
Qui lui
Ouvraient
La braguette.

687.

La lumière
Dans les yeux
De l'avare
Se vendit
Au prix coûtant.

688.

Les grandes herbes
Bouchonnaient
La brise
Qui
Ensuite
Alla
Se baigner
Dans l'eau.

689.

Le savon
Après s'être
Savonné
Réalisa
Qu'il était
Plus sale
Qu'avant.

690.

La trombe
Coupa
Son cordon
Et il y eut
Un grand nombril
Sur l'eau.

691.

La lumière
Se faisait
Les ongles
Sur l'onyx
Et dans le silex.

692.

L'écorce
Dit
À la tige :
« Ne te montre
Pas trop
Tu me dégantes. »

693.

Le gris
Se brossa
Et devint
Blanc.

694.

Elle vivait
Dans le creux
De ses seins
Afin
De laisser
La place
Aux hommes.

695.

L'œuf
Quand il vit
L'omelette
Eut l'estomac
Brouillé.

696.

Il ne connut
Son odeur
Que quand
Elle l'aima.

697.

L'œil
Du mourant
Se révulsa.
Il voyait
Le dedans des choses.

698.

Le dahlia
Avait
Mauvaise haleine.
Il avait
Mangé
Trop de fumier.

699.

Le son
En sortant
Du klaxon
S'enfuit.
L'auto
Le poursuivait.

700.

Les plats
Se mangeaient
Des yeux
Et l'homme
N'eut
Plus
Faim.

701.

L'œil
Buta
Contre le regard.
Vint
La syncope.

702.

La puanteur
Se pinçait
Le nez.
L'homme
Passait.

703.

Le bibelot
Ayant
Peur
Qu'on le cassât
Poussait
De petits cris
Chaque fois
Qu'on le touchait.

704.

Le mort
Se réveilla
Et dit :
« Je ne vois
Que des morts
Autour de moi
Où suis-je ? »

705.

Le vent
Disloqua
Son poignet
En renversant
Cet accoudoir.

706.

Le mauve
Louchait
À cause
Du bassin
Tout près.

707.

L'air
Dormait
Sur l'épaule
Du soir.
Le vent
Le chassa
Et étreignit
La nuit.

708.

L'œuf
S'avala
Pendant
Qu'il
Se pondait.

709.

Le doux
Marié en justes noces
Avec l'acide
Le cocufia
Avec le sel.

710.

La lumière
Courait
Ventre à terre.
La nuit
La poursuivait.

711.

Chaque pierre
Qui tombait
Dans l'eau
Donnait
À la lumière
Un bracelet.

712.

Le vent
Ayant
Perdu
Sa ceinture
Arracha
La liane.

713.

La montagne
Fatiguée
De monter
Se reposa
Sur les hauts
Plateaux.

714.

Le soleil
Eut
Des rousseurs.

715.

La lune
Ce soir
Faisait
Ogino.

716.

Leur
Premier
Regard
Fut
Un
Rendez-vous.

717.

La lune
Se purgeait
Dans les trous
D'ombre.

718.

Par manque
D'arbres
Dans la plaine
L'ombre
Était
Partie
À pied.

719.

La neige
Prit
Un bain turc
Aux premiers jours
Du printemps.

720.

La plante
Décoiffée
Par le vent
Ébouriffa
La brise.

721.

La poussière
Tapotait
Le vent
Pour le faire
Marcher.

722.

L'air
Faisait
Valser
La neige
Pour se
Réchauffer.

723.

La pourriture
Se mangeait
Personne
Ne voulant d'elle.

724.

L'allée
D'arbres
Marchait
Dans la plaine.
Quand
Elle eut
Touché
La route
Elle se mit
À courir.

725.

La lune
Dormait
Ce soir
Se servant
Du nuage
Comme
Drap du lit.

726.

La brise
Ébouriffée
Se fit
Repeigner
Par les herbages.

727.

L'air
S'éventait
Avec la voile.

728.

Le miroir
À force
De mentir
Avoua.

729.

L'oiseau
Frappant
Contre
Le miroir
Crut
Qu'on l'avait
Coupé en deux.

730.

La mer
Calait
Tellement
D'eau
Que même
La vague
Coula.

731.

La lumière
Alla
Au cinéma
Et prit
Place
Sur la toile.

732.

La nuit
Prit
La lune
Comme
Somnifère.

733.

La pente
Mettait
Les arbres
En vol plané.

734.

L'eau balbutiait.
Elle apprenait
À parler
À la source.

735.

L'eau
Voyageait
Sans permis
Dans la ville
Après la pluie.

736.

Lazare
Ressuscitant
Pour la seconde fois
Dit :
« Où est
Mon cercueil ? »
Il était
Dans le soleil.

737.

Quand
Les saintes femmes
Virent
Le paradis
Elles s'enfuirent.
Il n'y avait
Là
Que des saints.

738.

Toutes les choses
À midi
Se dégraissent
Dans l'ombre.

739.

Elle se maria
Et après ses noces
Elle eut
Des fesses
De pleine lune.

740.

L'égoût se dégobillait
Perpétuellement
Et par cela
Il avançait.

741.

Elle ancra
Sa hanche
Au regard de l'homme
Et le mit
Au port.

742.

Diogène
Éteignit
Sa lanterne.
Il était
Dans le soleil.

743.

La terre
Se promenait
Sans talons
À cause
Des trous.

744.

Les murs
Marchaient
À plat
Pour ne pas réveiller
La rue.

745.

Le collier de perles
Autour du cou
Se servait
De la peau
Comme dentifrice.

746.

L'œil
Distant
Recevait
Sur rendez-vous.

747.

La pommade
Brouillée
Eut des boutons.

748.

Le whisky
Prit un soda.
Il avait
La gorge en feu.

749.

La hanche
Se servait
De la lumière
Comme patinoire.

750.

L'auto
N'atteindra
Jamais
La vitesse
De la route.

751.

Le feuillage
De ses doigts
Agiles
Faisait
À la lumière
Des mises
En plis.

752.

Dans
La dernière vague
L'eau
Accosta.

753.

La danseuse
S'immobilisa
La salle
Dansa.

754.

La pluie
Se moucha
Dans
Ses dernières larmes.

755.

Il n'y a
Que l'eau
Pour baiser
L'eau
Sur la bouche.

Nos sincères remerciements à la Fondation Malcolm de Chazal, et plus particulièrement à M. Robert Furlong.

- Merci à: Anne-Paule Mousnier, Aurélie Foucher, et Yvelaine Armstrong.
- 1. Lindgren, Carl Edwin, The Way of the Rose Cross; A Historical Perception

----

En Anglais :

Magical Sense – Malcolm de Chazal
(translated by Jean Bonnin)

Magical Science – Malcolm de Chazal
(translated by Jean Bonnin)

En Français:

La Maison du Cubiste – Jean Bonnin

(www.jeanbonnin.com)

www.redeggpublishing.com

www.ingramcontent.com/pod-product-compliance
Lightning Source LLC
Chambersburg PA
CBHW051910160426
43198CB00012B/1832